Birds of Argentinien

fotolulu Taschenbuch IV

Inklusive Checkliste der 1036 Vögel Argentiniens

Impressum

Bibliografische Information der Deutschen Nationalbibliothek:
Die Deutsche Nationalbibliothek verzeichnet diese Publikation in der
Deutschen Nationalbibliografie;
detaillierte bibliografische Daten sind im Internet über www.dnb.de abrufbar.

Herstellung und Verlag:
BoD – Books on Demand, Norderstedt

1 Auflage
© 2017 fotolulu
Fotos & Text: fotolulu · www.fotolulu.de

ISBN: 9783744819909

In diesem Buch begleiten Sie mich auf einen kleinen Streifzug durch die vielfältige Vogelwelt Argentiniens.

Die recht karge Peninsula de Valdes in Patagonien überrascht nicht nur mit seinen Magellanpinguinen.

Im dichten Dschungel in Missiones und rund um die Wasserfälle von Iguazu sind die meisten Vögel nur zu hören.

Die Ibera-Sümpfe sind ein Paradies für jeden Vogelliebhaber.

Lassen auch Sie sich verzauben von der Farbenpracht und Einzigartigkeit, der von mir fotografierten 177 Vogelarten.

Das Buch wird ergänzt mit einer kompletten Checkliste der 1036 Vogelarten Argentiniens - deutsch, latein & englisch.

Ihr fotolulu

Amazonasfischer (Chloroceryle amazona)

Amerikanische Rauchschwalbe (Hirundo rustica erythrogaster)

Amerikanischer Schlangenhalsvogel (Anhinga anhinga)

Amerkanischer Silberreiher (Egretta alba egretta)

Aplomadofalke (Falco femoralis)

Argentinien-Cachalote (Pseudoseisura lophotes argentina)

Argentinische Amazonasente (Amazonetta brasiliensis ipecutiri)

Argentinische Tropeneule (Megascops choliba wetmorei)

Argentinischer Nandu (Rhea americana albescens)

Azara-Goldhähnchenwaldsänger (Basileuterus culicivorus azarae)

Azurblaurabe (Cyanocorax caeruleus)

Bartstreif-Nonnentyrann (Xolmis cinereus)

Blaßkehl-Baumsteiger (Xiphorhynchus fuscus)

Blauaugenscharbe (Leucocarbo atriceps)

Blaubartkolibri (Heliomaster furcifer)

Blaubussard (Geranoaetus melanoleucus)

Blutschnabelmöwe (Leucophaeus scoresbii)

Bolivien-Ohrflecktaube (Zenaida auriculata chrysauchenia)

Brasilianischer Wegebussard (Rupornis magnirostris magniplumis)

Brasilien-Schleiereule (Tyto alba tuidara)

Brasilien-Schwarznackentityra (Tityra cayana braziliensis)

Braunbauch-Reisknacker (Oryzoborus angolensis)

Braunkopfstärling (Chrysomus ruficapillus)

Brillendunkeltyrann (Hymenops perspicillatus)

Cassini-Wanderfalke (Falco peregrinus cassini)

Chileschwalbe (Tachycineta leucopyga)

Chimangoarakara (Milvago chimango)

Cinnamom-Buntfalke (Falco sparverius cinnamominus)

Cocoireiher (Ardea cocoi)

Corrientes-Kaninchenkauz (Athene cunicularia partridgei)

Coscorobaschwan (Coscoroba coscoroba)

Darwinnandu (Rhea pennata)

Darwinsteißhuhn (Nothura darwinii)

Dickschnabelzeisig (Spinus crassirostris)

Dominikanermöwe (Larus dominicanus)

Drachenstärling (Pseudoleistes virescens)

Dunkler Nachtreiher (Nycticorax nycticorax obscurus)

Elfenwaldsänger (Setophaga pitiayumi)

Fahlbrustdrossel (Turdus leucomelas)

Fahlkehl-Schnäppertyrann (Empidonax albigularis)

Falklandseeschwalbe (Sterna hirundinacea)

Felsenscharbe (Phalacrocorax magellanicus)

Fleckensteißhuhn (Nothura maculosa)

Fleckentaube (Patagioenas maculosa)

Flußufer-Stachelschwanz (Lochmias nematura)

Fosters Guiratangare (Hemithraupis guira fosteri)

Gabelschwanz-Königstyrann (Tyrannus savana)

Gelbbauch-Olivtyrann (Elaenia flavogaster)

Gelbbürzelstärling (Pseudoleistes guirahuro)

Gelbkopfkarakara (Milvago chimachima)

Gilbwaldsänger (Myiothlypis flaveola)

Glattschnabelani (Crotophaga ani)

Goldsaphirkolibri (Hylocharis chrysura)

Graslandtyrann (Machetornis rixosa)

Graukardinal (Paroaria coronata)

Graukuhstärling (Agelaioides badius)

Graunackenbekarde (Pachyramphus castaneus)

Grauweihe (Circus cinereus)

Grünbindenspecht (Colaptes melanochloros)

Grünibis (Mesembrinibis cayennensis)

Grünschwingensaltator (Saltator similis)

Guirakuckuck (Guira guira)

Guyanas-Gelbkopfgeier (Cathartes burrovianus urubuting)

Halsband Wehrvogel (Chauna torquata)

Hellmayrpieper (Anthus hellmayri)

Hellmayrs Kurzschopftyrann (Myiarchus ferox australis)

Jabiru (Jabiru mycteria)

Kaninchenkauz (Athene cunicularia)

Kap-Weißhalsibis (Theristicus caudatus hyperorius)

Kappenblaurabe (Cyanocorax chrysops)

Karminameisentangare (Habia rubica)

Keilschwanzammer (Emberizoides herbicola)

Langschwanzstärling (Sturnella loyca)

Liktormaskentyrann (Philohydor lictor)

Magellangilbammer (Sicalis lebruni)

Magellanpinguin (Spheniscus magellanicus)

Magellantaucher (Podiceps major)

Maguaristorch (Ciconia maguari)

Mangrovereiher (Butorides striata)

Maskenmückenfänger (Polioptila dumicola)

Mönchsittich (Myiopsitta monachus)

Mohrenibis (Phimosus infuscatus)

Nördlicher Marmorreiher (Tigrisoma lineatum marmoratum)

Ockerbrustpfäffchen (Sporophila hypoxantha)

Ockerbrustpieper (Anthus nattereri)

Ohrflecktaube (Zenaida auriculata)

Olivenscharbe (Phalacrocorax brasilianus)

Orangekehl-Regenpfeifer (Oreopholus ruficollis)

Ostargentinisches Perlsteißhuhn (Eudromia elegans multiguttata)

Paraguay-Blaukopfpitpit (Dacnis cayana paraguayensis)

Paraguay-Eichhornkuckuck (Piaya cayana macroura)

Paraguay-Pampaammer (Embernagra platensis olivascens)

Paraguay-Rosttöpfer (Furnarius rufus paraguayae)

Patagonien-Truthangeier (Cathartes aura jota)

Patagonienspottdrossel (Mimus patagonicus)

Pavuasittich (Psittacara leucophthalmus)

Pelzelns Safrangilbammer (Sicalis flaveola pelzelni)

Pfeifreiher (Syrigma sibilatrix)

Picazurotaube (Patagioenas picazuro)

Picuitäubchen (Columbina picui)

Purpurkehlorganist (Euphonia chlorotica)

Rabengeier (Coragyps atratus)

Rahmbauch-Mückenfänger (Polioptila lactea)

Rallenkranich (Aramus guarauna)

Riedammerfink (Donacospiza albifrons)

Riesensturmvogel (Macronectes giganteus)

Rohrspottdrossel (Donacobius atricapilla)

Rosalöffler (Platalea ajaja)

Rotachsel-Kuhstärling (Molothrus rufoaxillaris)

Rotbauchdrossel (Turdus rufiventris)

Rotkehl-Schleppentyrann (Alectrurus risora)

Rotkopfstärling (Amblyramphus holosericeus)

Rotrückenbussard (Geranoaetus polyosoma)

Rotsteiß-Spitzschnabel (Conirostrum speciosum)

Rotstirn-Blatthühnchen (Jacana jacana)

Saracuraralle (Aramides saracura)

Savannenbussard (Buteogallus meridionalis)

Savannenpieper (Anthus lutescens)

Schieferrücken-Königstyrann (Tyrannus tyrannus)

Schiefertyrann (Elaenia strepera)

Schmuckreiher (Egretta thula)

Schnabelfleck-Grundtyrann (Muscisaxicola maculirostris)

Schneckenweih (Rostrhamus sociabilis)

Schopfbekarde (Pachyramphus validus)

Schopfkarakara (Caracara plancus)

Schopfsumpftyrann (Pseudocolopteryx sclateri)

Schuppenkehl-Erdhacker (Upucerthia dumetaria)

Schwarzbauchpfäffchen (Sporophila melanogaster)

Schwarzbrust-Mangokolibri (Anthracothorax nigricollis)

Schwarzbussard (Buteogallus urubitinga)

Schwarznacken-Stelzenläufer (Himantopus mexicanus)

Schwarzschenkelstärling (Sturnella defilippii)

Schwarzschnabeltityra (Tityra inquisitor)

Seggenzaunkönig (Cistothorus platensis)

Starkschnabel-Maskentyrann (Megarynchus pitangua)

Strauchhämmerling (Phrygilus fruticeti)

Streifenschwanzspecht (Veniliornis mixtus)

Südamerikanischer Schwarzkopftaucher (Tachybaptus dominicus brachyrhynchus)

Südamerikanischer-Austernfischer (Haematopus ater)

Südliche Braunbrustschwalbe (Progne tapera fusca)

Südliche Großschnabelseeschwalbe (Phaetusa simplex chloropoda)

Südliche Kurzschnabelgilbammer (Sicalis luteola luteiventris)

Südliche Morgenammer (Zonotrichia capensis australis)

Südliche Rotbürzelkassike (Cacicus haemorrhous affinis)

Südlicher Bindentaucher (Podilymbus podiceps antarcticus)

Südlicher Braunohrsittich (Pyrrhura frontalis chiripepe)

Südlicher Feldspecht (Colaptes campestris campestroides)

Südlicher Fleckenmaskentyrann (Myiodynastes maculatus)

Südlicher Goldbauch-Smaragdkolibri (Chlorostilbon lucidus berlepschi)

Südlicher Riesentukan (Ramphastos toco albogularis)

Südlicher Rotbrustfischer (Megaceryle torquata stellata)

Südlicher Weißbauch-Baumsteiger (Lepidocolaptes angustirostris)

Surucuatrogon (Trogon surrucura)

Trauerkönigstyrann (Tyrannus melancholicus)

Uruguay-Camposspottdrossel (Mimus saturninus modulator)

Uruguay-Morgenammer (Zonotrichia capensis subtorquata)

Uruguay-Rostbrauenvireo (Cyclarhis gujanensis ochrocephala)

Uruguay-Schwefelmaskentyrann (Pitangus sulphuratus argentinus)

Vieillots Riedschlüpfer (Certhiaxis cinnamomeus russeolu)

Violettschultertangare (Thraupis cyanoptera)

Waglers Bronzekiebitz (Vanellus chilensis lampronotus)

Waldstorch (Mycteria americana)

Wechselpfäffchen (Sporophila americana)

Weißbrauenweihe (Circus buffoni)

Weißbürzelbussard (Parabuteo leucorrhous)

Weißflügelsittich (Brotogeris versicolurus)

Weißflügeltaube (Zenaida asiatica)

Weißgesicht-Scheidenschnabel (Chionis albus)

Weißkehlkolibri (Leucochloris albicollis)

Weißkopf-Wassertyrann (Arundinicola leucocephala)

Weißnonnentyrann (Xolmis irupero)

Weißohr-Faulvogel (Nystalus chacuru)

Weißschwanzbussard (Geranoaetus albicaudatus)

Weißspecht (Melanerpes candidus)

Wüstenbussard (Parabuteo unicinctus)

Ypecaharalle (Aramides ypecaha)

Zimtkehlschwalbe (Stelgidopteryx ruficollis)

heckliste
nd oder Region: Argentinien
nzahl von Spezies : 1036
nzahl von Endemischen : 16

heidae

| andu | Rhea americana | Greater Rhea |
| arwinnandu | Rhea pennata | Lesser Rhea |

namidae

rausteißtinamu	Tinamus solitarius	Solitary Tinamou
astanientinamu	Crypturellus obsoletus	Brown Tinamou
ellentinamu	Crypturellus undulatus	Undulated Tinamou
einschnabeltinamu	Crypturellus parvirostris	Small-billed Tinamou
ataupatinamu	Crypturellus tataupa	Tataupa Tinamou
otflügel-Pampahuhn	Rhynchotus rufescens	Red-winged Tinamou
treifenhals-Pampahuhn	Rhynchotus maculicollis	Huayco Tinamou
isaccasteißhuhn	Nothoprocta ornata	Ornate Tinamou
ordobasteißhuhn	Nothoprocta cinerascens	Brushland Tinamou
ndensteißhuhn	Nothoprocta pentlandii	Andean Tinamou
arwinsteißhuhn	Nothura darwinii	Darwin's Nothura
leckensteißhuhn	Nothura maculosa	Spotted Nothura
fauensteißhuhn	Taoniscus nanus	Dwarf Tinamou
erlsteißhuhn	Eudromia elegans	Elegant Crested-Tinamou
chmucksteißhuhn	Eudromia formosa	Quebracho Crested-Tinamou
unasteißhuhn	Tinamotis pentlandii	Puna Tinamou
atagoniensteißhuhn	Tinamotis ingoufi	Patagonian Tinamou

nhimidae

| alsband-Wehrvogel | Chauna torquata | Southern Screamer |

natidae

itwenpfeifgans	Dendrocygna viduata	White-faced Whistling-Duck
otschnabel-Pfeifgans	Dendrocygna autumnalis	Black-bellied Whistling-Duck
elbbrust-Pfeifgans	Dendrocygna bicolor	Fulvous Whistling-Duck
chwarzhalsschwan	Cygnus melancoryphus	Black-necked Swan
oscorobaschwan	Coscoroba coscoroba	Coscoroba Swan
lanzente	Sarkidiornis melanotos	Comb Duck
rinokogans	Oressochen jubatus	Orinoco Goose
ndengans	Oressochen melanopterus	Andean Goose
agellangans	Chloephaga picta	Upland Goose
elpgans	Chloephaga hybrida	Kelp Goose

Graukopfgans	Chloephaga poliocephala	Ashy-headed Goose
Rotkopfgans	Chloephaga rubidiceps	Ruddy-headed Goose
Langflügel-Dampfschiffente	Tachyeres patachonicus	Flying Steamer-Duck
Magellan-Dampfschiffente	Tachyeres pteneres	Flightless Steamer-Duck
Weißkopf-Dampfschiffente	Tachyeres leucocephalus	White-headed Steamer-Duck
Schopfente	Lophonetta specularioides	Crested Duck
Kupferspiegelente	Speculanas specularis	Spectacled Duck
Moschusente	Cairina moschata	Muscovy Duck
Rotschulterente	Callonetta leucophrys	Ringed Teal
Amazonasente	Amazonetta brasiliensis	Brazilian Teal
Sturzbachente	Merganetta armata	Torrent Duck
Chilepfeifente	Anas sibilatrix	Chiloe Wigeon
Stockente	Anas platyrhynchos	Mallard
Blauflügelente	Anas discors	Blue-winged Teal
Zimtente	Anas cyanoptera	Cinnamon Teal
Fuchslöffelente	Anas platalea	Red Shoveler
Löffelente	Anas clypeata	Northern Shoveler
Bahamaente	Anas bahamensis	White-cheeked Pintail
Spitzschwanzente	Anas georgica	Yellow-billed Pintail
Silberente	Anas versicolor	Silver Teal
Punaente	Anas puna	Puna Teal
Südandenente	Anas flavirostris	Yellow-billed Teal
Rotaugenente	Netta erythrophthalma	Southern Pochard
Rosenschnabelente	Netta peposaca	Rosy-billed Pochard
Dunkelsäger	Mergus octosetaceus	Brazilian Merganser
Kuckucksente	Heteronetta atricapilla	Black-headed Duck
Maskenruderente	Nomonyx dominicus	Masked Duck
Schwarzkopf-Ruderente	Oxyura jamaicensis	Ruddy Duck
Bindenruderente	Oxyura vittata	Lake Duck

Cracidae

Chacoguan	Ortalis canicollis	Chaco Chachalaca
Weißstirnguan	Penelope superciliaris	Rusty-margined Guan
Rotgesichtguan	Penelope dabbenei	Red-faced Guan
Bronzeguan	Penelope obscura	Dusky-legged Guan
Schwarzmaskenguan	Pipile jacutinga	Black-fronted Piping-Guan
Nacktgesichthokko	Crax fasciolata	Bare-faced Curassow

Odontophoridae

Schopfwachtel	Callipepla californica	California Quail
Capueirawachtel	Odontophorus capueira	Spot-winged Wood-Quail

Phasianidae

Fasan	Phasianus colchicus	Ring-necked Pheasant
Silberfasan	Lophura nycthemera	Silver Pheasant

Podicipedidae

Rollandtaucher	Rollandia rolland	White-tufted Grebe
Schwarzkopf-Zwergtaucher	Tachybaptus dominicus	Least Grebe
Bindentaucher	Podilymbus podiceps	Pied-billed Grebe
Magellantaucher	Podiceps major	Great Grebe
Silbertaucher	Podiceps occipitalis	Silvery Grebe
Goldscheiteltaucher	Podiceps gallardoi	Hooded Grebe

Phoenicopteridae

Chileflamingo	Phoenicopterus chilensis	Chilean Flamingo
Andenflamingo	Phoenicoparrus andinus	Andean Flamingo
Jamesflamingo	Phoenicoparrus jamesi	James's Flamingo

Spheniscidae

Königspinguin	Aptenodytes patagonicus	King Penguin
Kaiserpinguin	Aptenodytes forsteri	Emperor Penguin
Eselspinguin	Pygoscelis papua	Gentoo Penguin
Kehlstreifpinguin	Pygoscelis antarcticus	Chinstrap Penguin
Magellanpinguin	Spheniscus magellanicus	Magellanic Penguin
Sclaterpinguin	Eudyptes sclateri	Erect-crested Penguin
Goldschopfpinguin	Eudyptes chrysolophus	Macaroni Penguin
Südfelsenpinguin	Eudyptes chrysocome	Southern Rockhopper Penguin
Snaresinselpinguin	Eudyptes robustus	Snares Penguin

Diomedeidae

Gelbnasenalbatros	Thalassarche chlororhynchos	Yellow-nosed Albatross
Graukopfalbatros	Thalassarche chrysostoma	Gray-headed Albatross
Tasmanalbatros	Thalassarche cauta	White-capped Albatross
Salvinalbatros	Thalassarche salvini	Salvin's Albatross
Schwarzbrauenalbatros	Thalassarche melanophris	Black-browed Albatross
Rußalbatros	Phoebetria fusca	Sooty Albatross
Graumantelalbatros	Phoebetria palpebrata	Light-mantled Albatross
Königsalbatros	Diomedea epomophora	Royal Albatross
Wanderalbatros	Diomedea exulans	Wandering Albatross

Procellariidae

Riesensturmvogel	Macronectes giganteus	Southern Giant-Petrel
Hallsturmvogel	Macronectes halli	Northern Giant-Petrel
Silbersturmvogel	Fulmarus glacialoides	Southern Fulmar
Kapsturmvogel	Daption capense	Cape Petrel
Kerguelensturmvogel	Aphrodroma brevirostris	Kerguelen Petrel
Langflügel-Sturmvogel	Pterodroma macroptera	Great-winged Petrel
Weichfeder-Sturmvogel	Pterodroma mollis	Soft-plumaged Petrel
Schlegelsturmvogel	Pterodroma incerta	Atlantic Petrel
Blausturmvogel	Halobaena caerulea	Blue Petrel
Feensturmvogel	Pachyptila turtur	Fairy Prion
Taubensturmvogel	Pachyptila desolata	Antarctic Prion
Dünnschnabel-Sturmvogel	Pachyptila belcheri	Slender-billed Prion
Graustumvogel	Procellaria cinerea	Gray Petrel
Weißkinn-Sturmvogel	Procellaria aequinoctialis	White-chinned Petrel
Brillensturmvogel	Procellaria conspicillata	Spectacled Petrel
Westland-Sturmvogel	Procellaria westlandica	Westland Petrel
Gelbschnabelsturmtaucher	Calonectris diomedea	Cory's Shearwater
Kapverden-Sturmtaucher	Calonectris edwardsii	Cape Verde Shearwater
Rosafuß-Sturmtaucher	Ardenna creatopus	Pink-footed Shearwater
Großer Sturmtaucher	Ardenna gravis	Great Shearwater
Dunkler Sturmtaucher	Ardenna grisea	Sooty Shearwater
Atlantiksturmtaucher	Puffinus puffinus	Manx Shearwater
Kleiner Sturmtaucher	Puffinus assimilis	Little Shearwater
Subantarktis-Lummensturmvogel	Pelecanoides urinatrix	Common Diving-Petrel
Magellan-Lummensturmvogel	Pelecanoides magellani	Magellanic Diving-Petrel

Hydrobatidae

Buntfuß-Sturmschwalbe	Oceanites oceanicus	Wilson's Storm-Petrel
Graurücken-Sturmschwalbe	Garrodia nereis	Gray-backed Storm-Petrel
Weißgesicht-Sturmschwalbe	Pelagodroma marina	White-faced Storm-Petrel
Schwarzbauch-Sturmschwalbe	Fregetta tropica	Black-bellied Storm-Petrel
Wellenläufer	Oceanodroma leucorhoa	Leach's Storm-Petrel

Ciconiidae

Maguaristorch	Ciconia maguari	Maguari Stork
Jabiru	Jabiru mycteria	Jabiru
Waldstorch	Mycteria americana	Wood Stork

Fregatidae

Prachtfregattvogel	Fregata magnificens	Magnificent Frigatebird

Sulidae

Weißbauchtölpel	Sula leucogaster	Brown Booby
Captölpel	Morus capensis	Cape Gannet

Phalacrocoracidae

Buntscharbe	Phalacrocorax gaimardi	Red-legged Cormorant
Olivenscharbe	Phalacrocorax brasilianus	Neotropic Cormorant
Felsenscharbe	Phalacrocorax magellanicus	Magellanic Cormorant
Guanoscharbe	Phalacrocorax bougainvillii	Guanay Cormorant
Kaiserscharbe	Phalacrocorax atriceps	Imperial Cormorant

Anhingidae

Amerikanischer Schlangenhalsvogel	Anhinga anhinga	Anhinga

Pelecanidae

Chilepelikan	Pelecanus thagus	Peruvian Pelican

Ardeidae

Südamerikanische Rohrdommel	Botaurus pinnatus	Pinnated Bittern
Amerikanische Zwergdommel	Ixobrychus exilis	Least Bittern
Streifendommel	Ixobrychus involucris	Stripe-backed Bittern
Marmorreiher	Tigrisoma lineatum	Rufescent Tiger-Heron
Streifenreiher	Tigrisoma fasciatum	Fasciated Tiger-Heron
Cocoireiher	Ardea cocoi	Cocoi Heron
Silberreiher	Ardea alba	Great Egret
Schmuckreiher	Egretta thula	Snowy Egret
Blaureiher	Egretta caerulea	Little Blue Heron
Kuhreiher	Bubulcus ibis	Cattle Egret
Mangrovereiher	Butorides striata	Striated Heron
Pfeifreiher	Syrigma sibilatrix	Whistling Heron
Nachtreiher	Nycticorax nycticorax	Black-crowned Night-Heron
Kahnschnabel	Cochlearius cochlearius	Boat-billed Heron

Threskiornithidae

Scharlachsichler	Eudocimus ruber	Scarlet Ibis
Brillensichler	Plegadis chihi	White-faced Ibis
Punaibis	Plegadis ridgwayi	Puna Ibis
Grünibis	Mesembrinibis cayennensis	Green Ibis
Mohrenibis	Phimosus infuscatus	Bare-faced Ibis
Stirnbandibis	Theristicus caerulescens	Plumbeous Ibis

Weißhalsibis	Theristicus caudatus	Buff-necked Ibis
Schwarzzügelibis	Theristicus melanopis	Black-faced Ibis
Rosalöffler	Platalea ajaja	Roseate Spoonbill

Cathartidae

Rabengeier	Coragyps atratus	Black Vulture
Truthahngeier	Cathartes aura	Turkey Vulture
Kleiner Gelbkopfgeier	Cathartes burrovianus	Lesser Yellow-headed Vulture
Großer Gelbkopfgeier	Cathartes melambrotus	Greater Yellow-headed Vulture
Andenkondor	Vultur gryphus	Andean Condor
Königsgeier	Sarcoramphus papa	King Vulture

Pandionidae

| Fischadler | Pandion haliaetus | Osprey |

Accipitridae

Perlaar	Gampsonyx swainsonii	Pearl Kite
Weißschwanzaar	Elanus leucurus	White-tailed Kite
Langschnabelweih	Chondrohierax uncinatus	Hook-billed Kite
Cayenneweih	Leptodon cayanensis	Gray-headed Kite
Schwalbenweih	Elanoides forficatus	Swallow-tailed Kite
Würgadler	Morphnus guianensis	Crested Eagle
Harpyie	Harpia harpyja	Harpy Eagle
Tyrannenadler	Spizaetus tyrannus	Black Hawk-Eagle
Prachtadler	Spizaetus ornatus	Ornate Hawk-Eagle
Elsteradler	Spizaetus melanoleucus	Black-and-white Hawk-Eagle
Isidoradler	Spizaetus isidori	Black-and-chestnut Eagle
Fischbussard	Busarellus nigricollis	Black-collared Hawk
Schneckenweih	Rostrhamus sociabilis	Snail Kite
Braunschenkelweih	Harpagus diodon	Rufous-thighed Kite
Mississippiweih	Ictinia mississippiensis	Mississippi Kite
Schwebeweih	Ictinia plumbea	Plumbeous Kite
Weißbrauenweihe	Circus buffoni	Long-winged Harrier
Grauweihe	Circus cinereus	Cinereous Harrier
Graubauchhabicht	Accipiter poliogaster	Gray-bellied Hawk
Däumlingssperber	Accipiter superciliosus	Tiny Hawk
Eckschwanzsperber	Accipiter striatus	Sharp-shinned Hawk
Zweifarbsperber	Accipiter bicolor	Bicolored Hawk
Sperberweih	Geranospiza caerulescens	Crane Hawk
Savannenbussard	Buteogallus meridionalis	Savanna Hawk
Schwarzbussard	Buteogallus urubitinga	Great Black Hawk

insiedleradler	Buteogallus solitarius	Solitary Eagle
aunadler	Buteogallus coronatus	Chaco Eagle
Wegebussard	Rupornis magnirostris	Roadside Hawk
Wüstenbussard	Parabuteo unicinctus	Harris's Hawk
Weißbürzelbussard	Parabuteo leucorrhous	White-rumped Hawk
Weißschwanzbussard	Geranoaetus albicaudatus	White-tailed Hawk
Rotrückenbussard	Geranoaetus polyosoma	Variable Hawk
Agula	Geranoaetus melanoleucus	Black-chested Buzzard-Eagle
Mantelbussard	Pseudastur polionotus	Mantled Hawk
Zweibindenbussard	Buteo nitidus	Gray-lined Hawk
Breitflügelbussard	Buteo platypterus	Broad-winged Hawk
Kurzschwanzbussard	Buteo brachyurus	Short-tailed Hawk
Weißkehlbussard	Buteo albigula	White-throated Hawk
Präriebussard	Buteo swainsoni	Swainson's Hawk
Mohrenbussard	Buteo albonotatus	Zone-tailed Hawk
Magellanbussard	Buteo ventralis	Rufous-tailed Hawk

Rallidae

Darwinralle	Coturnicops notatus	Speckled Rail
Gelbbrust-Sumpfhuhn	Hapalocrex flaviventer	Yellow-breasted Crake
Rothalsralle	Laterallus melanophaius	Rufous-sided Crake
Amazonasralle	Laterallus exilis	Gray-breasted Crake
Schieferralle	Laterallus jamaicensis	Black Rail
Weißbrustralle	Laterallus leucopyrrhus	Red-and-white Crake
Magellanralle	Rallus antarcticus	Austral Rail
Ypecaharalle	Aramides ypecaha	Giant Wood-Rail
Cayenneralle	Aramides cajaneus	Gray-cowled Wood-Rail
Saracuraralle	Aramides saracura	Slaty-breasted Wood-Rail
Fleckensumpfhuhn	Porzana spiloptera	Dot-winged Crake
Maskenpfuhlhuhn	Porphyriops melanops	Spot-flanked Gallinule
Wieselsumpfhuhn	Mustelirallus albicollis	Ash-throated Crake
Goldschnabel-Sumpfhuhn	Mustelirallus erythrops	Paint-billed Crake
Fleckenralle	Pardirallus maculatus	Spotted Rail
Trauerralle	Pardirallus nigricans	Blackish Rail
Grauralle	Pardirallus sanguinolentus	Plumbeous Rail
Zwergsultanshuhn	Porphyrio martinicus	Purple Gallinule
Azursultanshuhn	Porphyrio flavirostris	Azure Gallinule
Amerikateichhuhn	Gallinula galeata	Common Gallinule
Gelbschnabel-Bläßhuhn	Fulica armillata	Red-gartered Coot
Rotstirn-Bläßhuhn	Fulica rufifrons	Red-fronted Coot

Riesenbläßhuhn	Fulica gigantea	Giant Coot
Rüsselbläßhuhn	Fulica cornuta	Horned Coot
Andenblässhuhn	Fulica ardesiaca	Slate-colored Coot
Weißflügel-Bläßhuhn	Fulica leucoptera	White-winged Coot

Heliornithidae
| Zwergbinsenralle | Heliornis fulica | Sungrebe |

Aramidae
| Rallenkranich | Aramus guarauna | Limpkin |

Chionidae
| Weißgesicht-Scheidenschnabel | Chionis albus | Snowy Sheathbill |

Pluvianellidae
| Magellanregenpfeifer | Pluvianellus socialis | Magellanic Plover |

Recurvirostridae
| Schwarznacken-Stelzenläufer | Himantopus mexicanus | Black-necked Stilt |
| Andensäbelschnäbler | Recurvirostra andina | Andean Avocet |

Haematopodidae
Braunmantel-Austernfischer	Haematopus palliatus	American Oystercatcher
Südamerikanischer Austernfischer	Haematopus ater	Blackish Oystercatcher
Magellanausternfischer	Haematopus leucopodus	Magellanic Oystercatcher

Charadriidae
Kiebitzregenpfeifer	Pluvialis squatarola	Black-bellied Plover
Prärie-Goldregenpfeifer	Pluvialis dominica	American Golden-Plover
Orangekehl-Regenpfeifer	Oreopholus ruficollis	Tawny-throated Dotterel
Cayennekiebitz	Vanellus cayanus	Pied Lapwing
Bronzekiebitz	Vanellus chilensis	Southern Lapwing
Andenkiebitz	Vanellus resplendens	Andean Lapwing
Schlankschnabel-Regenpfeifer	Charadrius collaris	Collared Plover
Punaregenpfeifer	Charadrius alticola	Puna Plover
Falkland-Regenpfeifer	Charadrius falklandicus	Two-banded Plover
Amerikanischer Sandregenpfeifer	Charadrius semipalmatus	Semipalmated Plover
Rotbrust-Regenpfeifer	Charadrius modestus	Rufous-chested Dotterel
Diademregenpfeifer	Phegornis mitchellii	Diademed Sandpiper-Plover

Thinocoridae

Rotbauch-Höhenläufer	Attagis gayi	Rufous-bellied Seedsnipe
Weißbauch-Höhenläufer	Attagis malouinus	White-bellied Seedsnipe
Graubrust-Höhenläufer	Thinocorus orbignyianus	Gray-breasted Seedsnipe
Zwerghöhenläufer	Thinocorus rumicivorus	Least Seedsnipe

Rostratulidae

Weißflecken-Goldschnepfe	Nycticryphes semicollaris	South American Painted-Snipe

Jacanidae

Rotstirn-Blatthühnchen	Jacana jacana	Wattled Jacana

Scolopacidae

Prärieläufer	Bartramia longicauda	Upland Sandpiper
Eskimobrachvogel	Numenius borealis	Eskimo Curlew
Regenbrachvogel	Numenius phaeopus	Whimbrel
Großer Brachvogel	Numenius arquata	Eurasian Curlew
Hudsonschnepfe	Limosa haemastica	Hudsonian Godwit
Marmorschnepfe	Limosa fedoa	Marbled Godwit
Steinwälzer	Arenaria interpres	Ruddy Turnstone
Knutt	Calidris canutus	Red Knot
Gischtläufer	Calidris virgata	Surfbird
Bindenstrandläufer	Calidris himantopus	Stilt Sandpiper
Sichelstrandläufer	Calidris ferruginea	Curlew Sandpiper
Sanderling	Calidris alba	Sanderling
Alpenstrandläufer	Calidris alpina	Dunlin
Bairdstrandläufer	Calidris bairdii	Baird's Sandpiper
Wiesenstrandläufer	Calidris minutilla	Least Sandpiper
Weißbürzel-Strandläufer	Calidris fuscicollis	White-rumped Sandpiper
Grasläufer	Calidris subruficollis	Buff-breasted Sandpiper
Graubrust-Strandläufer	Calidris melanotos	Pectoral Sandpiper
Sandstrandläufer	Calidris pusilla	Semipalmated Sandpiper
Kleiner Schlammläufer	Limnodromus griseus	Short-billed Dowitcher
Magellanbekassine	Gallinago paraguaiae	South American Snipe
Punabekassine	Gallinago andina	Puna Snipe
Riesenbekassine	Gallinago undulata	Giant Snipe
Kordillerenbekassine	Gallinago stricklandii	Fuegian Snipe
Terekwasserläufer	Xenus cinereus	Terek Sandpiper
Wilsonwassertreter	Phalaropus tricolor	Wilson's Phalarope
Thorshühnchen	Phalaropus fulicarius	Red Phalarope
Drosseluferläufer	Actitis macularius	Spotted Sandpiper

Einsamer Wasserläufer	Tringa solitaria	Solitary Sandpiper
Großer Gelbschenkel	Tringa melanoleuca	Greater Yellowlegs
Schlammtreter	Tringa semipalmata	Willet
Kleiner Gelbschenkel	Tringa flavipes	Lesser Yellowlegs

Stercorariidae

Chileskua	Stercorarius chilensis	Chilean Skua
Antarktikskua	Stercorarius maccormicki	South Polar Skua
Subantarktikskua	Stercorarius antarcticus	Brown Skua
Spatelraubmöwe	Stercorarius pomarinus	Pomarine Jaeger
Schmarotzerraubmöwe	Stercorarius parasiticus	Parasitic Jaeger
Falkenraubmöwe	Stercorarius longicaudus	Long-tailed Jaeger

Laridae

Andenmöwe	Chroicocephalus serranus	Andean Gull
Patagonienmöwe	Chroicocephalus maculipennis	Brown-hooded Gull
Graukopfmöwe	Chroicocephalus cirrocephalus	Gray-hooded Gull
Blutschnabelmöwe	Leucophaeus scoresbii	Dolphin Gull
Graumöwe	Leucophaeus modestus	Gray Gull
Präriemöwe	Leucophaeus pipixcan	Franklin's Gull
Olrogmöwe	Larus atlanticus	Olrog's Gull
Heringsmöwe	Larus fuscus	Lesser Black-backed Gull
Dominikanermöwe	Larus dominicanus	Kelp Gull
Antillen-Zwergseeschwalbe	Sternula antillarum	Least Tern
Amazonasseeschwalbe	Sternula superciliaris	Yellow-billed Tern
Großschnabel-Seeschwalbe	Phaetusa simplex	Large-billed Tern
Lachseeschwalbe	Gelochelidon nilotica	Gull-billed Tern
Trauerseeschwalbe	Chlidonias niger	Black Tern
Rosenseeschwalbe	Sterna dougallii	Roseate Tern
Flußseeschwalbe	Sterna hirundo	Common Tern
Küstenseeschwalbe	Sterna paradisaea	Arctic Tern
Falklandseeschwalbe	Sterna hirundinacea	South American Tern
Antarktikseeschwalbe	Sterna vittata	Antarctic Tern
Weißscheitel-Seeschwalbe	Sterna trudeaui	Snowy-crowned Tern
Königsseeschwalbe	Thalasseus maximus	Royal Tern
Brandseeschwalbe	Thalasseus sandvicensis	Sandwich Tern
Amerikanischer Scherenschnabel	Rynchops niger	Black Skimmer

Columbidae

Felsentaube	Columba livia	Rock Pigeon
Rotrückentaube	Patagioenas cayennensis	Pale-vented Pigeon

Schuppenbauchtaube	Patagioenas speciosa	Scaled Pigeon
Picazurotaube	Patagioenas picazuro	Picazuro Pigeon
Fleckentaube	Patagioenas maculosa	Spot-winged Pigeon
Nördliche Bandtaube	Patagioenas fasciata	Band-tailed Pigeon
Araukanertaube	Patagioenas araucana	Chilean Pigeon
Weintaube	Patagioenas plumbea	Plumbeous Pigeon
Zwergtäubchen	Columbina minuta	Plain-breasted Ground-Dove
Rosttäubchen	Columbina talpacoti	Ruddy Ground-Dove
Schuppentäubchen	Columbina squammata	Scaled Dove
Picuitäubchen	Columbina picui	Picui Ground-Dove
Schmucktäubchen	Claravis pretiosa	Blue Ground-Dove
Purpurbindentäubchen	Claravis geoffroyi	Purple-winged Ground-Dove
Nacktgesichttäubchen	Metriopelia ceciliae	Bare-faced Ground-Dove
Morenotäubchen	Metriopelia morenoi	Bare-eyed Ground-Dove
Weißbugtäubchen	Metriopelia melanoptera	Black-winged Ground-Dove
Aymaratäubchen	Metriopelia aymara	Golden-spotted Ground-Dove
Bergtaube	Geotrygon montana	Ruddy Quail-Dove
Bischofstaube	Geotrygon violacea	Violaceous Quail-Dove
Blauringtaube	Leptotila verreauxi	White-tipped Dove
Rotachseltaube	Leptotila rufaxilla	Gray-fronted Dove
Vungastaube	Leptotila megalura	Large-tailed Dove
Zügeltaube	Zentrygon frenata	White-throated Quail-Dove
Perutaube	Zenaida meloda	West Peruvian Dove
Ohrflecktaube	Zenaida auriculata	Eared Dove

Cuculidae

Guirakuckuck	Guira guira	Guira Cuckoo
Riesenani	Crotophaga major	Greater Ani
Glattschnabelani	Crotophaga ani	Smooth-billed Ani
Riefenschnabelani	Crotophaga sulcirostris	Groove-billed Ani
Streifenkuckuck	Tapera naevia	Striped Cuckoo
Fasanenkuckuck	Dromococcyx phasianellus	Pheasant Cuckoo
Pfauenkuckuck	Dromococcyx pavoninus	Pavonine Cuckoo
Graukehlkuckuck	Coccycua cinerea	Ash-colored Cuckoo
Eichhornkuckuck	Piaya cayana	Squirrel Cuckoo
Kleiner Mangrovekuckuck	Coccyzus melacoryphus	Dark-billed Cuckoo
Gelbschnabelkuckuck	Coccyzus americanus	Yellow-billed Cuckoo
Perlbrustkuckuck	Coccyzus euleri	Pearly-breasted Cuckoo
Schwarzschnabelkuckuck	Coccyzus erythropthalmus	Black-billed Cuckoo

Tytonidae

Schleiereule	Tyto alba	Barn Owl

Strigidae

Cholibakreischeule	Megascops choliba	Tropical Screech-Owl
Kappenkreischeule	Megascops atricapilla	Black-capped Screech-Owl
Hoykreischeule	Megascops hoyi	Montane Forest Screech-Owl
Langohr-Kreischeule	Megascops sanctaecatarinae	Long-tufted Screech-Owl
Brillenkauz	Pulsatrix perspicillata	Spectacled Owl
Gelbbrauenkauz	Pulsatrix koeniswaldiana	Tawny-browed Owl
Virginiauhu	Bubo virginianus	Great Horned Owl
Bolivienzwergkauz	Glaucidium bolivianum	Yungas Pygmy-Owl
Kleinstzwergkauz	Glaucidium minutissimum	Least Pygmy-Owl
Brasilzwergkauz	Glaucidium brasilianum	Ferruginous Pygmy-Owl
Australzwergkauz	Glaucidium nana	Austral Pygmy-Owl
Kaninchenkauz	Athene cunicularia	Burrowing Owl
Sprenkelkauz	Ciccaba virgata	Mottled Owl
Zebrakauz	Ciccaba huhula	Black-banded Owl
Brasilkauz	Strix hylophila	Rusty-barred Owl
Rotfußkauz	Strix rufipes	Rufous-legged Owl
Chacokauz	Strix chacoensis	Chaco Owl
Styxeule	Asio stygius	Stygian Owl
Sumpfohreule	Asio flammeus	Short-eared Owl
Schreieule	Pseudoscops clamator	Striped Owl
Blaßstirnkauz	Aegolius harrisii	Buff-fronted Owl

Caprimulgidae

Weißbauch-Nachtschwalbe	Chordeiles nacunda	Nacunda Nighthawk
Gnomennachtschwalbe	Chordeiles pusillus	Least Nighthawk
Falkennachtschwalbe	Chordeiles minor	Common Nighthawk
Bändernachtschwalbe	Lurocalis semitorquatus	Short-tailed Nighthawk
Große Spiegelnachtschwalbe	Systellura longirostris	Band-winged Nightjar
Pauraquenachtschwalbe	Nyctidromus albicollis	Common Pauraque
Sichelschwingen-Nachtschwalbe	Eleothreptus anomalus	Sickle-winged Nightjar
Leierschwanz-Nachtschwalbe	Uropsalis lyra	Lyre-tailed Nightjar
Zwergnachtschwalbe	Setopagis parvula	Little Nightjar
Fleckschwanz-Nachtschwalbe	Hydropsalis maculicaudus	Spot-tailed Nightjar
Scherenschwanz-Nachtschwalbe	Hydropsalis torquata	Scissor-tailed Nightjar
Hakenschwanz-Nachtschwalbe	Macropsalis forcipata	Long-trained Nightjar
Augennachtschwalbe	Nyctiphrynus ocellatus	Ocellated Poorwill
Rostnachtschwalbe	Antrostomus rufus	Rufous Nightjar

Seidennachtschwalbe	Antrostomus sericocaudatus	Silky-tailed Nightjar

Nyctibiidae

Langschwanz-Tagschläfer	Nyctibius aethereus	Long-tailed Potoo
Urutau-Tagschläfer	Nyctibius griseus	Common Potoo

Apodidae

Rothschildsegler	Cypseloides rothschildi	Rothschild's Swift
Rauchsegler	Cypseloides fumigatus	Sooty Swift
Rußsegler	Cypseloides senex	Great Dusky Swift
Halsbandsegler	Streptoprocne zonaris	White-collared Swift
Schildsegler	Streptoprocne biscutata	Biscutate Swift
Schornsteinsegler	Chaetura pelagica	Chimney Swift
Grauschwanzsegler	Chaetura meridionalis	Sick's Swift
Graubürzelsegler	Chaetura cinereiventris	Gray-rumped Swift
Bergsegler	Aeronautes montivagus	White-tipped Swift
Andensegler	Aeronautes andecolus	Andean Swift
Gabelschwanzsegler	Tachornis squamata	Fork-tailed Palm-Swift

Trochilidae

Weißnackenkolibri	Florisuga mellivora	White-necked Jacobin
Schwarzkolibri	Florisuga fusca	Black Jacobin
Zimtroter Schattenkolibri	Phaethornis pretrei	Planalto Hermit
Schuppenkehl-Schattenkolibri	Phaethornis eurynome	Scale-throated Hermit
Großer Veilchenohrkolibri	Colibri coruscans	Sparkling Violetear
Amethystohrkolibri	Colibri serrirostris	White-vented Violetear
Bronzerücken-Glanzkehlchen	Polytmus guainumbi	White-tailed Goldenthroat
Moskitokolibri	Chrysolampis mosquitus	Ruby-topaz Hummingbird
Schwarzbrust-Mangokolibri	Anthracothorax nigricollis	Black-throated Mango
Chilekolibri	Sephanoides sephaniodes	Green-backed Firecrown
Schwarzohrkolibri	Adelomyia melanogenys	Speckled Hummingbird
Goldschwanzsylphe	Sappho sparganurus	Red-tailed Comet
Estella-Andenkolibri	Oreotrochilus estella	Andean Hillstar
Weißflanken-Andenkolibri	Oreotrochilus leucopleurus	White-sided Hillstar
Rotflanken-Andenkolibri	Oreotrochilus adela	Wedge-tailed Hillstar
Blaustirn-Höschenkolibri	Eriocnemis glaucopoides	Blue-capped Puffleg
Riesenkolibri	Patagona gigas	Giant Hummingbird
Rosenkehlkolibri	Heliomaster longirostris	Long-billed Starthroat
Violettkehlkolibri	Heliomaster squamosus	Stripe-breasted Starthroat
Blaubartkolibri	Heliomaster furcifer	Blue-tufted Starthroat
Rotbart-Sternkolibri	Microstilbon burmeisteri	Slender-tailed Woodstar

Amethyststernkolibri	Calliphlox amethystina	Amethyst Woodstar
Goldbauch-Smaragdkolibri	Chlorostilbon lucidus	Glittering-bellied Emerald
Violetthaubenelfe	Stephanoxis loddigesii	Purple-crowned Plovercrest
Blauer Gabelschwanzkolibri	Eupetomena macroura	Swallow-tailed Hummingbird
Schwalbennymphe	Thalurania furcata	Fork-tailed Woodnymph
Blaukronennymphe	Thalurania glaucopis	Violet-capped Woodnymph
Tropfenkolibri	Taphrospilus hypostictus	Many-spotted Hummingbird
Weißkehlkolibri	Leucochloris albicollis	White-throated Hummingbird
Weißbauchamazilie	Amazilia chionogaster	White-bellied Hummingbird
Glanzamazilie	Amazilia versicolor	Versicolored Emerald
Saphiramazilie	Amazilia lactea	Sapphire-spangled Emerald
Weißkinn-Saphirkolibri	Hylocharis cyanus	White-chinned Sapphire
Goldsaphirkolibri	Hylocharis chrysura	Gilded Hummingbird

Trogonidae

Blauscheiteltrogon	Trogon curucui	Blue-crowned Trogon
Südlicher Surucuátrogon	Trogon surrucura	Surucua Trogon
Schwarzkehltrogon	Trogon rufus	Black-throated Trogon

Momotidae

Amazonasmotmot	Momotus momota	Amazonian Motmot
Rotkopfmotmot	Baryphthengus ruficapillus	Rufous-capped Motmot

Alcedinidae

Rotbrustfischer	Megaceryle torquata	Ringed Kingfisher
Amazonasfischer	Chloroceryle amazona	Amazon Kingfisher
Grünfischer	Chloroceryle americana	Green Kingfisher
Erzfischer	Chloroceryle aenea	American Pygmy Kingfisher

Bucconidae

Swainson-Faulvogel	Notharchus swainsoni	Buff-bellied Puffbird
Weißohr-Faulvogel	Nystalus chacuru	White-eared Puffbird
Fleckmantel-Faulvogel	Nystalus maculatus	Spot-backed Puffbird
Rotkehl-Faulvogel	Nonnula rubecula	Rusty-breasted Nunlet

Galbulidae

Rotschwanz-Glanzvogel	Galbula ruficauda	Rufous-tailed Jacamar

Ramphastidae

Goldtukan	Pteroglossus bailloni	Saffron Toucanet
Braunohrarassari	Pteroglossus castanotis	Chestnut-eared Aracari

leckenarassari	Selenidera maculirostris	Spot-billed Toucanet
Riesentukan	Ramphastos toco	Toco Toucan
Bunttukan	Ramphastos dicolorus	Red-breasted Toucan

Picidae

Zebrazwergspecht	Picumnus cirratus	White-barred Piculet
Orbignyzwergspecht	Picumnus dorbignyanus	Ocellated Piculet
Temminckzwergspecht	Picumnus temminckii	Ochre-collared Piculet
Braunbrust-Zwergspecht	Picumnus nebulosus	Mottled Piculet
Weißspecht	Melanerpes candidus	White Woodpecker
Goldmaskenspecht	Melanerpes flavifrons	Yellow-fronted Woodpecker
Kaktusspecht	Melanerpes cactorum	White-fronted Woodpecker
Rußspecht	Picoides fumigatus	Smoky-brown Woodpecker
Perlbauchspecht	Veniliornis spilogaster	White-spotted Woodpecker
Streifenschwanzspecht	Veniliornis mixtus	Checkered Woodpecker
Strichelkopfspecht	Veniliornis lignarius	Striped Woodpecker
Sperlingsspecht	Veniliornis passerinus	Little Woodpecker
Perlstirnspecht	Veniliornis frontalis	Dot-fronted Woodpecker
Bronzespecht	Piculus chrysochloros	Golden-green Woodpecker
Weißbrauenspecht	Piculus aurulentus	White-browed Woodpecker
Olivmantelspecht	Colaptes rubiginosus	Golden-olive Woodpecker
Grünbindenspecht	Colaptes melanochloros	Green-barred Woodpecker
Bänderspecht	Colaptes pitius	Chilean Flicker
Südandenspecht	Colaptes rupicola	Andean Flicker
Feldspecht	Colaptes campestris	Campo Flicker
Wellenohrspecht	Celeus galeatus	Helmeted Woodpecker
Blaßschopfspecht	Celeus lugubris	Pale-crested Woodpecker
Blondschopfspecht	Celeus flavescens	Blond-crested Woodpecker
Linienspecht	Dryocopus lineatus	Lineated Woodpecker
Schwarzbauchspecht	Dryocopus schulzi	Black-bodied Woodpecker
Scharlachkopfspecht	Campephilus robustus	Robust Woodpecker
Schwarzkehlspecht	Campephilus melanoleucos	Crimson-crested Woodpecker
Weißmantelspecht	Campephilus leucopogon	Cream-backed Woodpecker
Magellanspecht	Campephilus magellanicus	Magellanic Woodpecker

Cariamidae

Rotfußseriema	Cariama cristata	Red-legged Seriema
Schwarzfußseriema	Chunga burmeisteri	Black-legged Seriema

Falconidae

Sperberwaldfalke	Micrastur ruficollis	Barred Forest-Falcon

Kappenwaldfalke	Micrastur semitorquatus	Collared Forest-Falcon
Bergkarakara	Phalcoboenus megalopterus	Mountain Caracara
Weißkehlkarakara	Phalcoboenus albogularis	White-throated Caracara
Falklandkarakara	Phalcoboenus australis	Striated Caracara
Schopfkarakara	Caracara plancus	Southern Caracara
Gelbkopfkarakara	Milvago chimachima	Yellow-headed Caracara
Chimangokarakara	Milvago chimango	Chimango Caracara
Lachfalke	Herpetotheres cachinnans	Laughing Falcon
Tropfenfalke	Spiziapteryx circumcincta	Spot-winged Falconet
Buntfalke	Falco sparverius	American Kestrel
Aplomadofalke	Falco femoralis	Aplomado Falcon
Fledermausfalke	Falco rufigularis	Bat Falcon
Rotbrustfalke	Falco deiroleucus	Orange-breasted Falcon
Wanderfalke	Falco peregrinus	Peregrine Falcon

Psittaculidae

Halsbandsittich	Psittacula krameri	Rose-ringed Parakeet

Psittacidae

Aymarasittich	Psilopsiagon aymara	Gray-hooded Parakeet
Zitronensittich	Psilopsiagon aurifrons	Mountain Parakeet
Andensittich	Bolborhynchus orbygnesius	Andean Parakeet
Mönchsittich	Myiopsitta monachus	Monk Parakeet
Gelbflügelsittich	Brotogeris chiriri	Yellow-chevroned Parakeet
Scharlachkopfpapagei	Pionopsitta pileata	Pileated Parrot
Blaubauchpapagei	Triclaria malachitacea	Blue-bellied Parrot
Maximilianpapagei	Pionus maximiliani	Scaly-headed Parrot
Taubenhalsamazone	Amazona vinacea	Vinaceous-breasted Parrot
Tucumanamazone	Amazona tucumana	Tucuman Parrot
Rotbugamazone	Amazona aestiva	Turquoise-fronted Parrot
Soldatenamazone	Amazona mercenarius	Scaly-naped Parrot
Blauflügel-Sperlingspapagei	Forpus xanthopterygius	Blue-winged Parrotlet
Braunohrsittich	Pyrrhura frontalis	Maroon-bellied Parakeet
Molinasittich	Pyrrhura molinae	Green-cheeked Parakeet
Smaragdsittich	Enicognathus ferrugineus	Austral Parakeet
Felsensittich	Cyanoliseus patagonus	Burrowing Parakeet
Türkisara	Anodorhynchus glaucus	Glaucous Macaw
Goldstirnsittich	Eupsittula aurea	Peach-fronted Parakeet
Nandaysittich	Aratinga nenday	Nanday Parakeet
Blauflügelara	Primolius maracana	Blue-winged Macaw
Halsbandara	Primolius auricollis	Yellow-collared Macaw

Gelbbrustara	Ara ararauna	Blue-and-yellow Macaw
Soldatenara	Ara militaris	Military Macaw
Grünflügelara	Ara chloropterus	Red-and-green Macaw
Spitzschwanzsittich	Thectocercus acuticaudatus	Blue-crowned Parakeet
Rotmaskensittich	Psittacara mitratus	Mitred Parakeet
Pavuasittich	Psittacara leucophthalmus	White-eyed Parakeet

Thamnophilidae

Perlenmantel-Ameisenwürger	Hypoedaleus guttatus	Spot-backed Antshrike
Riesenameisenwürger	Batara cinerea	Giant Antshrike
Langschwanz-Ameisenwürger	Mackenziaena leachii	Large-tailed Antshrike
Schwarzmasken-Ameisenwürger	Mackenziaena severa	Tufted Antshrike
Weißbrust-Ameisenwürger	Taraba major	Great Antshrike
Weißbart-Ameisenwürger	Biatas nigropectus	White-bearded Antshrike
Bindenameisenwürger	Thamnophilus doliatus	Barred Antshrike
Rostscheitel-Ameisenwürger	Thamnophilus ruficapillus	Rufous-capped Antshrike
Südlicher Tropfenameisenwürger	Thamnophilus caerulescens	Variable Antshrike
Olivgrauer Würgerling	Dysithamnus mentalis	Plain Antvireo
Strichelrücken-Ameisenfänger	Myrmorchilus strigilatus	Stripe-backed Antbird
Schwarzscheitel-Ameisenfänger	Herpsilochmus atricapillus	Black-capped Antwren
Rotschwingen-Ameisenfänger	Herpsilochmus rufimarginatus	Rufous-winged Antwren
Zimtbauch-Ameisenfänger	Drymophila rubricollis	Bertoni's Antbird
Olivrücken-Ameisenfänger	Drymophila malura	Dusky-tailed Antbird
Rostrücken-Ameisenfänger	Terenura maculata	Streak-capped Antwren
Weißschulter-Feuerauge	Pyriglena leucoptera	White-shouldered Fire-eye

Melanopareiidae

Olivscheitel-Bandvogel	Melanopareia maximiliani	Olive-crowned Crescentchest

Conopophagidae

Rotkehl-Mückenfresser	Conopophaga lineata	Rufous Gnateater

Grallariidae

Große Bartameisenpitta	Grallaria varia	Variegated Antpitta
Grauflanken-Ameisenpitta	Grallaria albigula	White-throated Antpitta
Fleckenbauch-Ameisenpitta	Hylopezus nattereri	Speckle-breasted Antpitta

Rhinocryptidae

Braunkehl-Bürzelstelzer	Pteroptochos castaneus	Chestnut-throated Huet-huet
Schwarzkehl-Bürzelstelzer	Pteroptochos tarnii	Black-throated Huet-huet
Rotkehltapaculo	Scelorchilus rubecula	Chucao Tapaculo

Schopfbürzelstelzer	Rhinocrypta lanceolata	Crested Gallito
Fahlbrauner Tapaculo	Teledromas fuscus	Sandy Gallito
Trugzaunkönig	Psilorhamphus guttatus	Spotted Bamboowren
Rostflankentapaculo	Eugralla paradoxa	Ochre-flanked Tapaculo
Planalto-Tapaculo	Scytalopus pachecoi	Planalto Tapaculo
Magellantapaculo	Scytalopus magellanicus	Magellanic Tapaculo
Graukehltapaculo	Scytalopus zimmeri	Zimmer's Tapaculo
Weißbrauentapaculo	Scytalopus superciliaris	White-browed Tapaculo

Formicariidae

Streifenbrust-Ameisendrossel	Chamaeza campanisona	Short-tailed Antthrush
Südliche Rostschwanz-Ameisendrossel	Chamaeza ruficauda	Rufous-tailed Antthrush

Furnariidae

Schuppenkehl-Laubwender	Sclerurus scansor	Rufous-breasted Leaftosser
Dünnschnabel-Erdhacker	Geositta tenuirostris	Slender-billed Miner
Patagonienerdhacker	Geositta cunicularia	Common Miner
Altiplano-Erdhacker	Geositta punensis	Puna Miner
Rotschwanz-Erdhacker	Geositta rufipennis	Rufous-banded Miner
Feuerland-Erdhacker	Geositta antarctica	Short-billed Miner
Hellbürzel-Erdhacker	Geositta isabellina	Creamy-rumped Miner
Dünnschnabel-Baumsteiger	Sittasomus griseicapillus	Olivaceous Woodcreeper
Einfarb-Baumsteiger	Dendrocincla turdina	Plain-winged Woodcreeper
Dunkelschnabel-Baumsteiger	Dendrocolaptes picumnus	Black-banded Woodcreeper
Planaltobaumsteiger	Dendrocolaptes platyrostris	Planalto Woodcreeper
Weißkehl-Baumsteiger	Xiphocolaptes albicollis	White-throated Woodcreep
Fuchsroter Baumsteiger	Xiphocolaptes major	Great Rufous Woodcreeper
Blasskehl-Baumsteiger	Xiphorhynchus fuscus	Lesser Woodcreeper
Rotrücken-Sensenschnabel	Campylorhamphus trochilirostris	Red-billed Scythebill
Dunkelkappen-Sensenschnabel	Campylorhamphus falcularius	Black-billed Scythebill
Degenschnabel-Baumsteiger	Drymornis bridgesii	Scimitar-billed Woodcreepe
Südlicher Weißbauch-Baumsteiger	Lepidocolaptes angustirostris	Narrow-billed Woodcreeper
Dunkelkappen-Baumsteiger	Lepidocolaptes falcinellus	Scalloped Woodcreeper
Braunbauch-Baumspäher	Xenops minutus	Plain Xenops
Strichelscheitel-Baumspäher	Xenops rutilans	Streaked Xenops
Kleiberbaumspäher	Pygarrhichas albogularis	White-throated Treerunner
Rostschwanz-Erdhacker	Ochetorhynchus andaecola	Rock Earthcreeper
Geradschnabel-Erdhacker	Ochetorhynchus ruficaudus	Straight-billed Earthcreeper
Schwarzschwanz-Erdhacker	Ochetorhynchus phoenicurus	Band-tailed Earthcreeper
Blaßbauch-Erdhacker	Tarphonomus harterti	Bolivian Earthcreeper

oststirn-Erdhacker	Tarphonomus certhioides	Chaco Earthcreeper
osttöpfer	Furnarius rufus	Rufous Hornero
aubentöpfer	Furnarius cristatus	Crested Hornero
lussufer-Stachelschwanz	Lochmias nematura	Sharp-tailed Streamcreeper
insenschlüpfer	Phleocryptes melanops	Wren-like Rushbird
raunrücken-Riedschlüpfer	Limnornis curvirostris	Curve-billed Reedhaunter
atagonienwalderdhacker	Upucerthia saturatior	Patagonian Forest Earthcreeper
chuppenkehl-Erdhacker	Upucerthia dumetaria	Scale-throated Earthcreeper
angschnabel-Erdhacker	Upucerthia validirostris	Buff-breasted Earthcreeper
urzschnabel-Uferwipper	Cinclodes fuscus	Buff-winged Cinclodes
ußbrauner-Uferwipper	Cinclodes antarcticus	Blackish Cinclodes
ostspitzen-Uferwipper	Cinclodes comechingonus	Cordoba Cinclodes
weifarb-Uferwipper	Cinclodes olrogi	Olrog's Cinclodes
remeflügel-Uferwipper	Cinclodes albiventris	Cream-winged Cinclodes
rauflanken-Uferwipper	Cinclodes oustaleti	Gray-flanked Cinclodes
chwarzschwanz-Uferwipper	Cinclodes atacamensis	White-winged Cinclodes
treifenbrust-Uferwipper	Cinclodes patagonicus	Dark-bellied Cinclodes
Ockerbrauen-Baumspäher	Heliobletus contaminatus	Sharp-billed Treehunter
chwarzscheitel-Blattspäher	Philydor atricapillus	Black-capped Foliage-gleaner
Ockerstirn-Blattspäher	Philydor rufum	Buff-fronted Foliage-gleaner
ahmbrauen-Blattspäher	Anabacerthia amaurotis	White-browed Foliage-gleaner
chuppenscheitel-Blattspäher	Anabacerthia lichtensteini	Ochre-breasted Foliage-gleaner
Ockerbrauen-Blattspäher	Syndactyla rufosuperciliata	Buff-browed Foliage-gleaner
Halsflecken-Bündelnister	Clibanornis dendrocolaptoides	Canebrake Groundcreeper
Veißaugen-Baumspäher	Automolus leucophthalmus	White-eyed Foliage-gleaner
estland-Stachelschwanzschlüpfer	Aphrastura spinicauda	Thorn-tailed Rayadito
adenschwanzschlüpfer	Sylviorthorhynchus desmursii	Des Murs's Wiretail
Braunkappen-Meisenschlüpfer	Leptasthenura fuliginiceps	Brown-capped Tit-Spinetail
Roststirn-Meisenschlüpfer	Leptasthenura yanacensis	Tawny Tit-Spinetail
Haubenmeisenschlüpfer	Leptasthenura platensis	Tufted Tit-Spinetail
imtspiegel-Meisenschlüpfer	Leptasthenura aegithaloides	Plain-mantled Tit-Spinetail
Araukarien-Meisenschlüpfer	Leptasthenura setaria	Araucaria Tit-Spinetail
Rotstirn-Bündelnister	Phacellodomus rufifrons	Rufous-fronted Thornbird
trichelstirn-Bündelnister	Phacellodomus striaticeps	Streak-fronted Thornbird
wergbündelnister	Phacellodomus sibilatrix	Little Thornbird
leckenbündelnister	Phacellodomus maculipectus	Spot-breasted Thornbird
leckenbrust-Bündelnister	Phacellodomus striaticollis	Freckle-breasted Thornbird
Rotbrauner Bündelnister	Phacellodomus ruber	Greater Thornbird
Weißkehl-Bündelnister	Anumbius annumbi	Firewood-gatherer
Chaco-Buschläufer	Coryphistera alaudina	Lark-like Brushrunner
Rostbürzelcanastero	Asthenes dorbignyi	Creamy-breasted Canastero

Kurzschnabelcanastero	Asthenes baeri	Short-billed Canastero
Nördlicher Flügelspiegelcanastero	Asthenes hudsoni	Hudson's Canastero
Südlicher Flügelspiegelcanastero	Asthenes anthoides	Austral Canastero
Roststirncanastero	Asthenes maculicauda	Scribble-tailed Canastero
Südlicher Schwarzstrichelcanastero	Asthenes sclateri	Puna Canastero
Graslandcanastero	Asthenes modesta	Cordilleran Canastero
Dünnschnabelcanastero	Asthenes pyrrholeuca	Sharp-billed Canastero
Dornbuschcanastero	Asthenes heterura	Maquis Canastero
Grauscheitel-Riedschlüpfer	Limnoctites rectirostris	Straight-billed Reedhaunter
Flügelspiegel-Riedschlüpfer	Cranioleuca sulphurifera	Sulphur-throated Spinetail
Streifenscheitel-Baumschlüpfer	Cranioleuca pyrrhophia	Stripe-crowned Spinetail
Braunoliv-Baumschlüpfer	Cranioleuca obsoleta	Olive Spinetail
Rostschultercanastero	Pseudasthenes humicola	Dusky-tailed Canastero
Fleckenkehlcanastero	Pseudasthenes patagonica	Patagonian Canastero
Weißkinncanastero	Pseudasthenes steinbachi	Steinbach's Canastero
Strichelrücken-Dickichtschlüpfer	Spartonoica maluroides	Bay-capped Wren-Spinetail
Dunkelbrauner Cachalote	Pseudoseisura lophotes	Brown Cacholote
Weißkehlcachalote	Pseudoseisura gutturalis	White-throated Cacholote
Weißwangen-Dickichtschlüpfer	Schoeniophylax phryganophilus	Chotoy Spinetail
Gelbkinn-Riedschlüpfer	Certhiaxis cinnamomeus	Yellow-chinned Spinetail
Rotkappen-Dickichtschlüpfer	Synallaxis ruficapilla	Rufous-capped Spinetail
Graubauch-Dickichtschlüpfer	Synallaxis cinerascens	Gray-bellied Spinetail
Graustirn-Dickichtschlüpfer	Synallaxis frontalis	Sooty-fronted Spinetail
Azaradickichtschlüpfer	Synallaxis azarae	Azara's Spinetail
Weißbauch-Dickichtschlüpfer	Synallaxis albescens	Pale-breasted Spinetail
Spixdickichtschlüpfer	Synallaxis spixi	Spix's Spinetail
Weißbrauen-Dickichtschlüpfer	Synallaxis scutata	Ochre-cheeked Spinetail

Tyrannidae

Südlicher Blasskleintyrann	Camptostoma obsoletum	Southern Beardless-Tyrannu
Grauscheitel-Olivtyrann	Suiriri suiriri	Suiriri Flycatcher
Fahlbinden-Tachurityrann	Mecocerculus hellmayri	Buff-banded Tyrannulet
Weißkehl-Tachurityrann	Mecocerculus leucophrys	White-throated Tyrannulet
Gelbschnabel-Tachurityrann	Anairetes flavirostris	Yellow-billed Tit-Tyrant
Meisentachurityrann	Anairetes parulus	Tufted Tit-Tyrant
Graubraun-Kleintyrann	Phaeomyias murina	Mouse-colored Tyrannulet
Zitronentyrann	Capsiempis flaveola	Yellow Tyrannulet
Streifenkinn-Grastyrann	Polystictus pectoralis	Bearded Tachuri
Schopfsumpftyrann	Pseudocolopteryx sclateri	Crested Doradito
Olivgrüner Sumpftyrann	Pseudocolopteryx acutipennis	Subtropical Doradito
Dinellisumpftyrann	Pseudocolopteryx dinelliana	Dinelli's Doradito

raunrücken-Sumpftyrann	Pseudocolopteryx flaviventris	Warbling Doradito
üdlicher Sumpftyrann	Pseudocolopteryx citreola	Ticking Doradito
rautyrann	Myiopagis caniceps	Gray Elaenia
rüntyrann	Myiopagis viridicata	Greenish Elaenia
elbbauch-Olivtyrann	Elaenia flavogaster	Yellow-bellied Elaenia
raubrust-Olivtyrann	Elaenia spectabilis	Large Elaenia
Veißbauch-Olivtyrann	Elaenia albiceps	White-crested Elaenia
reibinden-Olivtyrann	Elaenia parvirostris	Small-billed Elaenia
chlichttyrann	Elaenia mesoleuca	Olivaceous Elaenia
chiefertyrann	Elaenia strepera	Slaty Elaenia
rauwangen-Olivtyrann	Elaenia chiriquensis	Lesser Elaenia
ochland-Olivtyrann	Elaenia obscura	Highland Elaenia
ußkleintyrann	Serpophaga nigricans	Sooty Tyrannulet
Veißscheitel-Kleintyrann	Serpophaga subcristata	White-crested Tyrannulet
Veißbauch-Kleintyrann	Serpophaga munda	White-bellied Tyrannulet
rauscheitel-Kleintyrann	Serpophaga griseicapilla	Straneck's Tyrannulet
raukopf-Pipratyrann	Mionectes rufiventris	Gray-hooded Flycatcher
raunkappen-Laubtyrann	Leptopogon amaurocephalus	Sepia-capped Flycatcher
Veißzügel-Laubtyrann	Phylloscartes eximius	Southern Bristle-Tyrant
livgelb-Laubtyrann	Phylloscartes ventralis	Mottle-cheeked Tyrannulet
werglaubtyrann	Phylloscartes paulista	Sao Paulo Tyrannulet
ostring-Laubtyrann	Phylloscartes sylviolus	Bay-ringed Tyrannulet
urmeisterkleintyrann	Phyllomyias burmeisteri	Rough-legged Tyrannulet
rünrücken-Kleintyrann	Phyllomyias virescens	Greenish Tyrannulet
raubrust-Kleintyrann	Phyllomyias sclateri	Sclater's Tyrannulet
lanaltokleintyrann	Phyllomyias fasciatus	Planalto Tyrannulet
imtbürzel-Kleintyrann	Phyllomyias uropygialis	Tawny-rumped Tyrannulet
üdlicher Strauchtyrann	Sublegatus modestus	Southern Scrub-Flycatcher
rauscheitel-Tachurityrann	Inezia inornata	Plain Tyrannulet
ielfarben-Tachurityrann	Tachuris rubrigastra	Many-colored Rush Tyrant
pitzschwanz-Grastyrann	Culicivora caudacuta	Sharp-tailed Tyrant
üdlicher Brustbandtyrann	Corythopis delalandi	Southern Antpipit
raubrust-Zwergtyrann	Euscarthmus meloryphus	Tawny-crowned Pygmy-Tyrant
üdlicher Stelzentachurityrann	Stigmatura budytoides	Greater Wagtail-Tyrant
hrfleck-Zwergtyrann	Myiornis auricularis	Eared Pygmy-Tyrant
Veißstern-Todityrann	Hemitriccus diops	Drab-breasted Pygmy-Tyrant
raunbrust-Todityrann	Hemitriccus obsoletus	Brown-breasted Pygmy-Tyrant
erlbauch-Todityrann	Hemitriccus margaritaceiventer	Pearly-vented Tody-Tyrant
ckergesicht-Todityrann	Poecilotriccus plumbeiceps	Ochre-faced Tody-Flycatcher
raugelb-Todityrann	Todirostrum cinereum	Common Tody-Flycatcher
livscheitel-Breitschnabeltyrann	Tolmomyias sulphurescens	Yellow-olive Flycatcher

Gelbscheitel-Breitschnabeltyrann	Platyrinchus mystaceus	White-throated Spadebill
Zimttyrann	Pyrrhomyias cinnamomeus	Cinnamon Flycatcher
Klifftyrann	Hirundinea ferruginea	Cliff Flycatcher
Rostschnäppertyrann	Myiophobus fasciatus	Bran-colored Flycatcher
Euler-Schnäppertyrann	Lathrotriccus euleri	Euler's Flycatcher
Schieferschnäppertyrann	Contopus fumigatus	Smoke-colored Pewee
Östlicher Waldschnäppertyrann	Contopus virens	Eastern Wood-Pewee
Südlicher Waldschnäppertyrann	Contopus cinereus	Tropical Pewee
Augenstreif-Schnäppertyrann	Cnemotriccus fuscatus	Fuscous Flycatcher
Erlenschnäppertyrann	Empidonax alnorum	Alder Flycatcher
Schwarzkopf-Phoebetyrann	Sayornis nigricans	Black Phoebe
Rubintyrann	Pyrocephalus rubinus	Vermilion Flycatcher
Patagoniensporntyrann	Lessonia rufa	Austral Negrito
Andensporntyrann	Lessonia oreas	Andean Negrito
Plumbeoustyrann	Knipolegus cabanisi	Plumbeous Black-Tyrant
Einfarbdunkeltyrann	Knipolegus cyanirostris	Blue-billed Black-Tyrant
Schwarzmasken-Dunkeltyrann	Knipolegus striaticeps	Cinereous Tyrant
Weißspiegel-Dunkeltyrann	Knipolegus aterrimus	White-winged Black-Tyrant
Weißflanken-Dunkeltyrann	Knipolegus hudsoni	Hudson's Black-Tyrant
Brillendunkeltyrann	Hymenops perspicillatus	Spectacled Tyrant
Goldbrauentyrann	Satrapa icterophrys	Yellow-browed Tyrant
Schnabelfleck-Grundtyrann	Muscisaxicola maculirostris	Spot-billed Ground-Tyrant
Braunscheitel-Grundtyrann	Muscisaxicola juninensis	Puna Ground-Tyrant
Graubraun-Grundtyrann	Muscisaxicola cinereus	Cinereous Ground-Tyrant
Gelbnacken-Grundtyrann	Muscisaxicola flavinucha	Ochre-naped Ground-Tyrant
Rotnacken-Grundtyrann	Muscisaxicola rufivertex	Rufous-naped Ground-Tyrant
Maskengrundtyrann	Muscisaxicola maclovianus	Dark-faced Ground-Tyrant
Rostkappen-Grundtyrann	Muscisaxicola albilora	White-browed Ground-Tyrant
Zimtbauch-Grundtyrann	Muscisaxicola capistratus	Cinnamon-bellied Ground-Tyrant
Schwarzstirn-Grundtyrann	Muscisaxicola frontalis	Black-fronted Ground-Tyrant
Schwarzschnabel-Hakentyrann	Agriornis montanus	Black-billed Shrike-Tyrant
Weißschwanz-Hakentyrann	Agriornis albicauda	White-tailed Shrike-Tyrant
Schwarzschwanz-Hakentyrann	Agriornis lividus	Great Shrike-Tyrant
Weißbrauen-Hakentyrann	Agriornis micropterus	Gray-bellied Shrike-Tyrant
Kleinhakentyrann	Agriornis murinus	Lesser Shrike-Tyrant
Feueraugen-Nonnentyrann	Xolmis pyrope	Fire-eyed Diucon
Bartstreif-Nonnentyrann	Xolmis cinereus	Gray Monjita
Schwarzkappen-Nonnentyrann	Xolmis coronatus	Black-crowned Monjita
Weißnonnentyrann	Xolmis irupero	White Monjita
Weißnacken-Nonnentyrann	Xolmis salinarum	Salinas Monjita
Rotrücken-Nonnentyrann	Xolmis rubetra	Rusty-backed Monjita

chwarzschwanz-Nonnentyrann	Xolmis dominicanus	Black-and-white Monjita
treifenkehl-Buschtyrann	Myiotheretes striaticollis	Streak-throated Bush-Tyrant
ostspiegel-Buschtyrann	Polioxolmis rufipennis	Rufous-webbed Bush-Tyrant
ellschulter-Nonnentyrann	Neoxolmis rufiventris	Chocolate-vented Tyrant
ehlband-Schleppentyrann	Gubernetes yetapa	Streamer-tailed Tyrant
erbschwanztyrann	Muscipipra vetula	Shear-tailed Gray Tyrant
chwarzrücken-Wassertyrann	Fluvicola albiventer	Black-backed Water-Tyrant
raurücken-Wassertyrann	Fluvicola nengeta	Masked Water-Tyrant
Veißkopf-Wassertyrann	Arundinicola leucocephala	White-headed Marsh Tyrant
lahnenschwanztyrann	Alectrurus tricolor	Cock-tailed Tyrant
otkehl-Schleppentyrann	Alectrurus risora	Strange-tailed Tyrant
raurücken-Schmätzertyrann	Ochthoeca oenanthoides	d'Orbigny's Chat-Tyrant
raubauch-Schmätzertyrann	Ochthoeca leucophrys	White-browed Chat-Tyrant
atagonienschmätzertyrann	Colorhamphus parvirostris	Patagonian Tyrant
Veißkappen-Schleppentyrann	Colonia colonus	Long-tailed Tyrant
raslandtyrann	Machetornis rixosa	Cattle Tyrant
elbbrauen-Breitschnabeltyrann	Ramphotrigon megacephalum	Large-headed Flatbill
raukopf-Attilatyrann	Attila phoenicurus	Rufous-tailed Attila
rauschopftyrann	Sirystes sibilator	Sibilant Sirystes
imtrücken-Röteltyrann	Casiornis rufus	Rufous Casiornis
chwarzkappen-Schopftyrann	Myiarchus tuberculifer	Dusky-capped Flycatcher
wainsonschopftyrann	Myiarchus swainsoni	Swainson's Flycatcher
urzschopftyrann	Myiarchus ferox	Short-crested Flycatcher
raunschopftyrann	Myiarchus tyrannulus	Brown-crested Flycatcher
iktormaskentyrann	Pitangus lictor	Lesser Kiskadee
chwefelmaskentyrann	Pitangus sulphuratus	Great Kiskadee
tarkschnabel-Maskentyrann	Megarynchus pitangua	Boat-billed Flycatcher
otscheitel-Maskentyrann	Myiozetetes similis	Social Flycatcher
)livbrust-Maskentyrann	Conopias trivirgatus	Three-striped Flycatcher
ndenmaskentyrann	Myiodynastes chrysocephalus	Golden-crowned Flycatcher
üdlicher Fleckenmaskentyrann	Myiodynastes maculatus	Streaked Flycatcher
urzschnabel-Maskentyrann	Legatus leucophaius	Piratic Flycatcher
chuppenrücken-Maskentyrann	Empidonomus varius	Variegated Flycatcher
rau-Maskentyrann	Empidonomus aurantioatrocristatus	Crowned Slaty Flycatcher
rauerkönigstyrann	Tyrannus melancholicus	Tropical Kingbird
chieferrücken-Königstyrann	Tyrannus tyrannus	Eastern Kingbird
iabelschwanz-Königstyrann	Tyrannus savana	Fork-tailed Flycatcher

)xyruncidae

lammenkopf	Oxyruncus cristatus	Sharpbill

Cotingidae

Zweibinden-Pflanzenmäher	Phytotoma rutila	White-tipped Plantcutter
Rotschwanz-Pflanzenmäher	Phytotoma rara	Rufous-tailed Plantcutter
Rotkehlkotinga	Pyroderus scutatus	Red-ruffed Fruitcrow
Nacktgesichtkotinga	Procnias nudicollis	Bare-throated Bellbird
Gabelschwanzkotinga	Phibalura flavirostris	Swallow-tailed Cotinga

Pipridae

Yungaspipra	Chiroxiphia boliviana	Yungas Manakin
Blaubrustpipra	Chiroxiphia caudata	Swallow-tailed Manakin
Weißbrustpipra	Manacus manacus	White-bearded Manakin
Schwanzbindenpipra	Pipra fasciicauda	Band-tailed Manakin
Gelbzügelpiprites	Piprites chloris	Wing-barred Piprites
Zimtpiprites	Piprites pileata	Black-capped Piprites

Tityridae

Schwarznackentityra	Tityra cayana	Black-tailed Tityra
Schwarzschnabeltityra	Tityra inquisitor	Black-crowned Tityra
Weißnackentityra	Tityra semifasciata	Masked Tityra
Olivtrauerkotinga	Schiffornis virescens	Greenish Schiffornis
Kappenbekarde	Xenopsaris albinucha	White-naped Xenopsaris
Grünrückenbekarde	Pachyramphus viridis	Green-backed Becard
Graunackenbekarde	Pachyramphus castaneus	Chestnut-crowned Becard
Weißbindenbekarde	Pachyramphus polychopterus	White-winged Becard
Schopfbekarde	Pachyramphus validus	Crested Becard

Vireonidae

Rostbrauenvireo	Cyclarhis gujanensis	Rufous-browed Peppershrike
Rostkappenvireo	Hylophilus poicilotis	Rufous-crowned Greenlet
Rotaugenvireo	Vireo olivaceus	Red-eyed Vireo

Corvidae

Purpurblaurabe	Cyanocorax cyanomelas	Purplish Jay
Azurblaurabe	Cyanocorax caeruleus	Azure Jay
Kappenblaurabe	Cyanocorax chrysops	Plush-crested Jay

Hirundinidae

Schwarzsteißschwalbe	Pygochelidon cyanoleuca	Blue-and-white Swallow
Halsbandschwalbe	Pygochelidon melanoleuca	Black-collared Swallow
Fuchsschwalbe	Alopochelidon fucata	Tawny-headed Swallow
Andenschwalbe	Orochelidon andecola	Andean Swallow

	Stelgidopteryx ruficollis	Southern Rough-winged Swallow
imtkehlschwalbe	Stelgidopteryx ruficollis	Southern Rough-winged Swallow
urpurschwalbe	Progne subis	Purple Martin
raubrustschwalbe	Progne chalybea	Gray-breasted Martin
lauschwalbe	Progne elegans	Southern Martin
raunbrustschwalbe	Progne tapera	Brown-chested Martin
ayenneschwalbe	Tachycineta albiventer	White-winged Swallow
Veißbürzelschwalbe	Tachycineta leucorrhoa	White-rumped Swallow
hileschwalbe	Tachycineta meyeni	Chilean Swallow
ferschwalbe	Riparia riparia	Bank Swallow
auchschwalbe	Hirundo rustica	Barn Swallow
ahlstirnschwalbe	Petrochelidon pyrrhonota	Cliff Swallow

roglodytidae

Jördlicher Hauszaunkönig	Troglodytes aedon	House Wren
ndenzaunkönig	Troglodytes solstitialis	Mountain Wren
eggenzaunkönig	Cistothorus platensis	Sedge Wren
Drosselzaunkönig	Campylorhynchus turdinus	Thrush-like Wren

olioptilidae

ahmbauch-Mückenfänger	Polioptila lactea	Creamy-bellied Gnatcatcher
Maskenmückenfänger	Polioptila dumicola	Masked Gnatcatcher

inclidae

ostkehl-Wasseramsel	Cinclus schulzi	Rufous-throated Dipper

Donacobiidae

ohrspottdrossel	Donacobius atricapilla	Black-capped Donacobius

urdidae

ropfenbrust-Musendrossel	Catharus dryas	Spotted Nightingale-Thrush
wergdrossel	Catharus ustulatus	Swainson's Thrush
Magellandrossel	Turdus falcklandii	Austral Thrush
öhlerdrossel	Turdus flavipes	Yellow-legged Thrush
ahlbrustdrossel	Turdus leucomelas	Pale-breasted Thrush
akaodrossel	Turdus fumigatus	Cocoa Thrush
otbauchdrossel	Turdus rufiventris	Rufous-bellied Thrush
ahmbauchdrossel	Turdus amaurochalinus	Creamy-bellied Thrush
Weißachseldrossel	Turdus nigriceps	Slaty Thrush
higuancodrossel	Turdus chiguanco	Chiguanco Thrush
amtdrossel	Turdus serranus	Glossy-black Thrush
rauerdrossel	Turdus albicollis	White-necked Thrush

Mimidae

Chilespottdrossel	Mimus thenca	Chilean Mockingbird
Patagonienspottdrossel	Mimus patagonicus	Patagonian Mockingbird
Camposspottdrossel	Mimus saturninus	Chalk-browed Mockingbird
Weißbinden-Spottdrossel	Mimus triurus	White-banded Mockingbird
Braunrücken-Spottdrossel	Mimus dorsalis	Brown-backed Mockingbird

Sturnidae

Star	Sturnus vulgaris	European Starling
Haubenmaina	Acridotheres cristatellus	Crested Myna

Motacillidae

Savannenpieper	Anthus lutescens	Yellowish Pipit
Weißbauchpieper	Anthus furcatus	Short-billed Pipit
Chacopieper	Anthus chacoensis	Pampas Pipit
Correnderapieper	Anthus correndera	Correndera Pipit
Riesenpieper	Anthus antarcticus	South Georgia Pipit
Ockerbrustpieper	Anthus nattereri	Ochre-breasted Pipit
Hellmayrpieper	Anthus hellmayri	Hellmayr's Pipit
Paramopieper	Anthus bogotensis	Paramo Pipit

Parulidae

Drosselwaldsänger	Parkesia noveboracensis	Northern Waterthrush
Maskengelbkehlchen	Geothlypis aequinoctialis	Masked Yellowthroat
Schnäpperwaldsänger	Setophaga ruticilla	American Redstart
Elfenwaldsänger	Setophaga pitiayumi	Tropical Parula
Streifenwaldsänger	Setophaga striata	Blackpoll Warbler
Goldhähnchen-Waldsänger	Basileuterus culicivorus	Golden-crowned Warbler
Gilbwaldsänger	Myiothlypis flaveola	Flavescent Warbler
Olivflanken-Waldsänger	Myiothlypis leucoblephara	White-browed Warbler
Peruwaldsänger	Myiothlypis signata	Pale-legged Warbler
Flußwaldsänger	Myiothlypis rivularis	Riverbank Warbler
Bindenwaldsänger	Myiothlypis bivittata	Two-banded Warbler
Braunkappen-Waldsänger	Myioborus brunniceps	Brown-capped Redstart

Thraupidae

Graukardinal	Paroaria coronata	Red-crested Cardinal
Mantelkardinal	Paroaria capitata	Yellow-billed Cardinal
Gimpeltangare	Schistochlamys ruficapillus	Cinnamon Tanager
Elstertangare	Cissopis leverianus	Magpie Tanager

Schwarzkappentangare	Nemosia pileata	Hooded Tanager
Orangekopftangare	Thlypopsis sordida	Orange-headed Tanager
Goldkappentangare	Thlypopsis ruficeps	Rust-and-yellow Tanager
Zimtkopftangare	Pyrrhocoma ruficeps	Chestnut-headed Tanager
Schwarzgesichttangare	Trichothraupis melanops	Black-goggled Tanager
Krontangare	Tachyphonus coronatus	Ruby-crowned Tanager
Schwarztangare	Tachyphonus rufus	White-lined Tanager
Rotbauchsaltator	Pseudosaltator rufiventris	Rufous-bellied Mountain-Tanager
Diademtangare	Stephanophorus diadematus	Diademed Tanager
Schwarzrückentangare	Pipraeidea melanonota	Fawn-breasted Tanager
Furchentangare	Pipraeidea bonariensis	Blue-and-yellow Tanager
Sayacatangare	Thraupis sayaca	Sayaca Tanager
Palmentangare	Thraupis palmarum	Palm Tanager
Prachttangare	Tangara preciosa	Chestnut-backed Tanager
Isabelltangare	Tangara cayana	Burnished-buff Tanager
Dreifarbentangare	Tangara seledon	Green-headed Tanager
Schwalbentangare	Tersina viridis	Swallow Tanager
Blaukopfpitpit	Dacnis cayana	Blue Dacnis
Guiratangare	Hemithraupis guira	Guira Tanager
Rotsteiß-Spitzschnabel	Conirostrum speciosum	Chestnut-vented Conebill
Grauschulter-Hakenschnabel	Diglossa carbonaria	Gray-bellied Flowerpiercer
Rostbauch-Hakenschnabel	Diglossa sittoides	Rusty Flowerpiercer
Plüschkopftangare	Catamblyrhynchus diadema	Plushcap
Kapuzenämmerling	Phrygilus atriceps	Black-hooded Sierra-Finch
Cordillerenämmerling	Phrygilus gayi	Gray-hooded Sierra-Finch
Magellanämmerling	Phrygilus patagonicus	Patagonian Sierra-Finch
Strauchämmerling	Phrygilus fruticeti	Mourning Sierra-Finch
Bleiämmerling	Phrygilus unicolor	Plumbeous Sierra-Finch
Braunmantelämmerling	Phrygilus dorsalis	Red-backed Sierra-Finch
Aschbrustämmerling	Phrygilus plebejus	Ash-breasted Sierra-Finch
Schwarzbrustämmerling	Phrygilus carbonarius	Carbonated Sierra-Finch
Schwanzfleckenämmerling	Phrygilus alaudinus	Band-tailed Sierra-Finch
Kurzschwanzammer	Idiopsar brachyurus	Short-tailed Finch
Blausteißammer	Diuca diuca	Common Diuca-Finch
Schwarzkehl-Ammerfink	Melanodera melanodera	White-bridled Finch
Flügelammerfink	Melanodera xanthogramma	Yellow-bridled Finch
Einfarbämmerling	Haplospiza unicolor	Uniform Finch
Schwarzhauben-Zwergkardinal	Lophospingus pusillus	Black-crested Finch
Grauzwergkardinal	Lophospingus griseocristatus	Gray-crested Finch
Riedammerfink	Donacospiza albifrons	Long-tailed Reed Finch
Zimtbrust-Ammerfink	Poospiza boliviana	Bolivian Warbling-Finch

Rotflanken-Ammerfink	Poospiza hypochondria	Rufous-sided Warbling-Finch
Rostbrauen-Ammerfink	Poospiza erythrophrys	Rusty-browed Warbling-Finch
Schmuckammerfink	Poospiza ornata	Cinnamon Warbling-Finch
Rotbrust-Ammerfink	Poospiza nigrorufa	Black-and-rufous Warbling-Finch
Graubrust-Ammerfink	Poospiza cabanisi	Gray-throated Warbling-Finch
Bandammerfink	Poospiza torquata	Ringed Warbling-Finch
Schwarzkappen-Ammerfink	Poospiza melanoleuca	Black-capped Warbling-Finch
Baerammerfink	Compsospiza baeri	Tucuman Mountain-Finch
Zitronengilbammer	Sicalis citrina	Stripe-tailed Yellow-Finch
Punagilbammer	Sicalis lutea	Puna Yellow-Finch
Goldbürzel-Gilbammer	Sicalis uropygialis	Bright-rumped Yellow-Finch
Graunacken-Gilbammer	Sicalis luteocephala	Citron-headed Yellow-Finch
Goldbauch-Gilbammer	Sicalis auriventris	Greater Yellow-Finch
Olivbrust-Gilbammer	Sicalis olivascens	Greenish Yellow-Finch
Gebirgsgilbammer	Sicalis mendozae	Monte Yellow-Finch
Magellangilbammer	Sicalis lebruni	Patagonian Yellow-Finch
Safrangilbammer	Sicalis flaveola	Saffron Finch
Kurzschnabel-Gilbammer	Sicalis luteola	Grassland Yellow-Finch
Keilschwanzammer	Emberizoides herbicola	Wedge-tailed Grass-Finch
Ypirangaammer	Emberizoides ypiranganus	Lesser Grass-Finch
Pampaammer	Embernagra platensis	Great Pampa-Finch
Jacariniammer	Volatinia jacarina	Blue-black Grassquit
Diamantpfäffchen	Sporophila lineola	Lined Seedeater
Zweifarbenpfäffchen	Sporophila leucoptera	White-bellied Seedeater
Perlenbrustpfäffchen	Sporophila pileata	Pearly-bellied Seedeater
Ockerbrustpfäffchen	Sporophila hypoxantha	Tawny-bellied Seedeater
Schwarzkehlpfäffchen	Sporophila ruficollis	Dark-throated Seedeater
Sumpfpfäffchen	Sporophila palustris	Marsh Seedeater
Rotbürzelpfäffchen	Sporophila hypochroma	Rufous-rumped Seedeater
Zimtpfäffchen	Sporophila cinnamomea	Chestnut Seedeater
Braunbauch-Reisknacker	Sporophila angolensis	Chestnut-bellied Seed-Finch
Gelbbauchpfäffchen	Sporophila nigricollis	Yellow-bellied Seedeater
Schmuckpfäffchen	Sporophila caerulescens	Double-collared Seedeater
Falschnabelpfäffchen	Sporophila falcirostris	Temminck's Seedeater
Erzpfäffchen	Sporophila collaris	Rusty-collared Seedeater
Spiegelcatamenie	Catamenia analis	Band-tailed Seedeater
Schlichtcatamenie	Catamenia inornata	Plain-colored Seedeater
Weißwangen-Zwergkardinal	Charitospiza eucosma	Coal-crested Finch
Schwarzkopfammer	Coryphaspiza melanotis	Black-masked Finch
Haubenkronfink	Coryphospingus cucullatus	Red-crested Finch
Grünkardinal	Gubernatrix cristata	Yellow Cardinal

	Coereba flaveola	Bananaquit
uckervogel	Tiaris obscurus	Dull-colored Grassquit
raungimpelfink	Tiaris fuliginosus	Sooty Grassquit
chwarzbrust-Gimpelfink	Saltatricula multicolor	Many-colored Chaco Finch
ielfarbenammer	Saltator coerulescens	Grayish Saltator
rausaltator	Saltator similis	Green-winged Saltator
rünschwingensaltator	Saltator maxillosus	Thick-billed Saltator
ickschnabelsaltator	Saltator aurantiirostris	Golden-billed Saltator
oldschnabelsaltator	Saltator fuliginosus	Black-throated Grosbeak
apageischnabelsaltator		

mberizidae

inkenbuschtangare	Chlorospingus flavopectus	Common Chlorospingus
treifenscheitelammer	Rhynchospiza strigiceps	Stripe-capped Sparrow
Vachtelammer	Ammodramus humeralis	Grassland Sparrow
treifenkopf-Buschammer	Arremon torquatus	White-browed Brushfinch
elbschnabel-Buschammer	Arremon flavirostris	Saffron-billed Sparrow
Morgenammer	Zonotrichia capensis	Rufous-collared Sparrow
raunbart-Buschammer	Atlapetes fulviceps	Fulvous-headed Brushfinch
chwarzbart-Buschammer	Atlapetes citrinellus	Yellow-striped Brushfinch

Cardinalidae

innobertangare	Piranga flava	Hepatic Tanager
arminameisentangare	Habia rubica	Red-crowned Ant-Tanager
oldbauch-Kernknacker	Pheucticus aureoventris	Black-backed Grosbeak
Veißachselpfäffchen	Amaurospiza moesta	Blackish-blue Seedeater
ürkisbischof	Cyanoloxia glaucocaerulea	Glaucous-blue Grosbeak
Jltramarinbischof	Cyanocompsa brissonii	Ultramarine Grosbeak

cteridae

eisstärling	Dolichonyx oryzivorus	Bobolink
Veißbrauenstärling	Sturnella superciliaris	White-browed Meadowlark
chwarzschenkelstärling	Sturnella defilippii	Pampas Meadowlark
angschwanzstärling	Sturnella loyca	Long-tailed Meadowlark
hopistärling	Gnorimopsar chopi	Chopi Blackbird
tachelkopfstärling	Curaeus curaeus	Austral Blackbird
otkopfstärling	Amblyramphus holosericeus	Scarlet-headed Blackbird
infarbstärling	Agelasticus cyanopus	Unicolored Blackbird
oldschulterstärling	Agelasticus thilius	Yellow-winged Blackbird
raunkopfstärling	Chrysomus ruficapillus	Chestnut-capped Blackbird
ilbstärling	Xanthopsar flavus	Saffron-cowled Blackbird
elbbürzelstärling	Pseudoleistes guirahuro	Yellow-rumped Marshbird

Drachenstärling	Pseudoleistes virescens	Brown-and-yellow Marshbird
Graukuhstärling	Agelaioides badius	Grayish Baywing
Rotachsel-Kuhstärling	Molothrus rufoaxillaris	Screaming Cowbird
Seidenkuhstärling	Molothrus bonariensis	Shiny Cowbird
Riesenkuhstärling	Molothrus oryzivorus	Giant Cowbird
Feuerflügeltrupial	Icterus pyrrhopterus	Variable Oriole
Orangerückentrupial	Icterus croconotus	Orange-backed Troupial
Stahlkassike	Cacicus solitarius	Solitary Black Cacique
Goldschulterkassike	Cacicus chrysopterus	Golden-winged Cacique
Rotbürzelkassike	Cacicus haemorrhous	Red-rumped Cacique
Krähenstirnvogel	Psarocolius decumanus	Crested Oropendola

Fringillidae

Purpurkehlorganist	Euphonia chlorotica	Purple-throated Euphonia
Veilchenorganist	Euphonia violacea	Violaceous Euphonia
Bronzeorganist	Euphonia chalybea	Green-throated Euphonia
Goldbürzelorganist	Euphonia cyanocephala	Golden-rumped Euphonia
Braunbauchorganist	Euphonia pectoralis	Chestnut-bellied Euphonia
Grünorganist	Chlorophonia cyanea	Blue-naped Chlorophonia
Grünfink	Chloris chloris	European Greenfinch
Dickschnabelzeisig	Spinus crassirostris	Thick-billed Siskin
Magellanzeisig	Spinus magellanicus	Hooded Siskin
Schwarzzeisig	Spinus atratus	Black Siskin
Kordillerenzeisig	Spinus uropygialis	Yellow-rumped Siskin
Bartzeisig	Spinus barbatus	Black-chinned Siskin
Stieglitz	Carduelis carduelis	European Goldfinch

Passeridae

| Haussperling | Passer domesticus | House Sparrow |

Quellen:

https://avibase.bsc-eoc.org/checklist

Alle Vögel der Welt - Die komplette Checkliste aller Arten und Unterarten (ISBN-13: 978-3-347-4407-5)

Argentavis. http://argentavis.org/ [Distribution]

Cornell Lab of Ornithology. 2011-2016. eBird. http://www.ebird.org/ [Species records]

del Hoyo, Josep (ed.), Elliott, A (ed.), Sargatal, J (ed.) (vol. 1?7), and Christie, DA (ed.) (vol. 8?16). 1992?2013. Handbook of the Birds of the World. Lynx Edicions. http://www.hbw.com/ [Species records, Synonyms]

Dickinson, EC (Ed.), Remsen Jr., JV (Ed). 2013. The Howard and Moore Complete Checklist of the Birds of the World. Aves Press. [Species records]

Gill, F and D Donsker (Eds). 2012. IOC World Bird Names (version 3.01). Available at http://www.worldbirdnames.org/ http://worldbirdnames.org/[Species records]

Howard, Richard & Alick Moore (1991) A Complete Checklist of the Birds of the World. 360 p. [Species records]

James F. Clements. 2000 and revisions. Birds of the World - A Checklist. 5th edition. Ibis Publishing Company, 2000. [Species records]

Juan Mazar Barnett and Mark Pearman; 2001. Annotated Checklist of the Birds of Argentina. Lynx Edicions, Barcelona. [Distribution]

Narosky, T, & D. Yzurieta. 1987. Birds of Argentina & Uruguay. Asoc. Orn. del Plata. [Distribution]

Peters, J. L. 1931-1987. Check-list of Birds of the World. 15 vols. + Index. Harvard Press. http://www.biodiversitylibrary.org/bibliography/14581 [Species records]

Ridgely, R. S., T. F. Allnutt, T. Brooks, D. K. McNicol, D. W. Mehlman, B. E. Young, and J. R. Zook. 2005. Digital Distribution Maps of the Birds of the Western Hemisphere, version 2.1. NatureServe, Arlington, Virginia, USA. http://www.natureserve.org/getData/birdMaps.jsp [Distribution]

Sibagu: Bird Names in Oriental Languages. http://sibagu.com/ [Synonyms]

South American Classification Committee. 2016. Species lists of birds for South American countries and territories. Version 15 July 2016.http://www.museum.lsu.edu/~Remsen/SACCCountryLists.html [Distribution]

South American Classification Committee. 2009. A classification of the bird species of South America.http://www.museum.lsu.edu/~Remsen/SACCBaseline.html [Distribution]

Weitere Bücher aus der fotolulu-Taschenbuchserie

Birds of Costa Rica

Birds of Argentinien

Birds of Südafrika

Birds of Madagaskar

Birds of Kuba

Birds of Sri Lanka

Birds of Iceland

Birds of Seychellen

Birds of Deutschland

Birds of Florida & Bahamas

Diese Bücher sind erhältlich bei BoD (Books on Demand):
https://www.bod.de